D1723544

Image couverture : kjpargeter - fr.freepik.com

Léa GAEL

Je kiffe ma vie !

Journal de gratitude

Sommaire

Introduction

Es-tu prêt à kiffer ta vie ?

J'imagine que si tu as acheté ce livre c'est ton but, je me trompe ?

Je suis passionnée par la loi de l'attraction depuis quelques années maintenant (j'ai d'ailleurs écrit « Mon journal de la loi de l'attraction » et j'ai une chaîne YouTube qui traite de ce sujet) et il faut savoir que la gratitude est un principe essentiel de la loi de l'attraction !

J'ai instauré une routine matinale durant laquelle je me concentre sur ce sentiment. Il est tellement facile de le perdre au fur et à mesure de la journée ! C'est un exercice qui certains jours peut paraître évident mais pour d'autres, il faut vraiment se forcer.

Ce livre va t'y aider. Mon but est que tu deviennes comme un inspecteur, à l'affût de tous les moments joyeux qui peuvent apparaître au cours de ta journée.

Un moment de joie doit être dégusté avec plaisir et il convient de le conserver le plus longtemps possible !

Pour cela, rien de mieux que la gratitude. En la cherchant partout, tu t'apercevras que même dans les moments de malheurs, elle peut être présente.

Il suffit d'ouvrir les yeux !

Ce journal n'est pas comme les autres journaux de gratitude car, comme dans tous mes livres, j'ai ajouté quelque-chose en plus.

De quoi s'agit-il ?

L'action ! J'ai ajouté de l'action. Le but est que tu deviennes davantage acteur et non que tu écrives passivement ta gratitude tous les jours !

Après tout la gratitude est un bon instrument pour transformer ta vie et il convient de l'utiliser au mieux !

Tu es l'acteur principal de ta vie. Je suis persuadée que tu peux l'améliorer pour encore plus de kiff !

Prêt ? C'est parti !

Explication des pages journalières

Avant de commencer, je vais t'expliquer le fonctionnement de la page que tu devras remplir tous les jours. La page sera exactement la même et cela durant 180 jours (environ 6 mois).

J'ai décidé de laisser chaque page épurée, sans aucun dessin ni motif ! Pourquoi ? Car j'aime beaucoup l'idée que c'est toi qui peut la décorer comme tu en as envie !

Tu ne sais pas dessiner ? Tout le monde sait faire un soleil ou une étoile ! Tu peux prendre des feutres de couleurs, découper des magazines... Tu as carte blanche, c'est ton livre !

La première partie de chaque page est à remplir en début de journée afin de commencer d'un bon pied, en ressentant un maximum de gratitude ! La deuxième partie (située sous les pointillés) est à remplir idéalement le soir juste avant de t'endormir. C'est le moment idéal durant lequel tu as davantage accès à ton inconscient. Rien de mieux que de ressentir tous ces bons sentiments avant de faire de beaux rêves !

J'ai fait en sorte que la page soit rapide à remplir afin que tu intègres facilement la gratitude à tes habitudes !

Oui, oui, le mieux est que tu en fasses une habitude afin de ressentir au maximum ses bienfaits !

Δ Date :

À toi de noter la date du jour !

∆ Suis-je prêt(e) à passer une journée extraordinaire ?

J'aime beaucoup cette question, je trouve qu'il est important de décider chaque jour que ta journée sera une journée incroyable ! C'est le meilleur moyen pour faire en sorte qu'elle le devienne ! C'est tout bête mais c'était quelque-chose que je me disais seulement pour mon anniversaire. J'ai alors constaté que même s'il m'arrivait d'avoir de mauvaises nouvelles cette journée-là, j'avais tendance à ne pas m'en préoccuper en me disant que dans tous les cas aujourd'hui était une journée merveilleuse et qu'il était hors de question que je laisse des gens me la gâcher !

Le mieux est d'avoir cet état d'esprit tous les jours de l'année plutôt que seulement un jour par an !

∆ Que pourrais-je faire pour que cette journée soit géniale ?

Première question basée sur l'action ! Si tu veux que cette journée soit géniale, mets toutes les chances de ton côté ! Est-ce de rester positif ? De faire un compliment à ton fils ? D'aller courir ? D'inviter tes amis à faire un pique-nique ? Tu peux faire une différence dans ta journée en agissant ! Creuse-toi la tête !

∆ Ce que j'adore dans ma vie :

Il s'agit de la question spéciale gratitude ! Liste le maximum de choses. J'essaie d'arriver à 10 pour ma part, en notant seulement un mot (ex : maison). Puis lorsque j'ai noté tous les mots, je dis ma gratitude à voix haute en développant davantage (ex : j'adore mon chez-moi magnifique entouré de nature, merci merci merci), le tout en ressentant ce sentiment de chance incroyable.

Cela peut être pour des choses générales (comme le travail par exemple), mais également pour des choses bien particulières (ex : trop bien le film d'hier soir) !

∆ Je me kiffe parce que :

Je trouve qu'il est primordial de s'aimer et d'avoir confiance en soi ! Comment peut-on aimer si l'on ne s'aime pas en premier ?
J'aime beaucoup cette question car elle est un rappel de se chérir tous les jours.
A toi de noter tout ce que tu aimes chez-toi ! Cela peut être physique, des traits de ta personnalité ou même parce que tu es fier d'un truc que tu as fait !

∆ Je peux me féliciter pour :

Cela fait quelques mois que je m'efforce de me concentrer sur tout ce que j'ai fait de bien durant ma journée ! Cela m'aide beaucoup car j'avais surtout tendance à m'auto-flageller pour les choses que je ne faisais pas correctement.
Ex : je suis restée de bonne humeur, j'ai bien travaillé, mon repas était délicieux, j'ai fait mon créneau du premier coup !
Tu vas voir qu'il y a de nombreuses choses dont tu peux être fier ! Il s'agit de les célébrer et de te célébrer !

∆ Mes moments préférés de la journée :

C'est le moment de passer en revue toute ta journée et de choisir ce que tu as le plus aimé ! Tu remarqueras que parfois tu as du mal à tout de remémorer et que tu avais oublié des éléments géniaux de cette journée !
Idéalement, trouve 3 meilleurs moments !

J'aime bien les noter car je trouve qu'il est intéressant de les comparer de jour en jour. Cela peut d'ailleurs te donner l'idée de choses à faire encore plus dans ta vie. Par exemple, j'avais remarqué que systématiquement un de mes moments préférés était d'aller me promener. Pourtant, sur le coup, j'avais souvent la flemme et bien souvent j'y allais en traînant les pieds. En analysant ça, j'ai davantage pris l'habitude d'aller dehors jusqu'à maintenant marcher 1h tous les jours !

∆ Que puis-je faire pour kiffer encore plus ?

J'aime beaucoup cette question basée sur l'action ! Tu peux réfléchir sur la journée passée : Qu'aurais-tu pu faire de mieux dans ta journée ? Et noter tous les points sur lesquels tu peux t'améliorer.

Également tu peux voir ça par rapport au futur : Quelles améliorations peux-tu apporter dans ta vie, ton comportement ou tes activités ?

On dit souvent que 20 % de ce que nous faisons nous procure 80 % de notre plaisir. Comment pourrais-tu profiter plus ? Dois-tu supprimer des choses qui ne te font pas vraiment plaisir ? Ajouter des choses qui te rendent profondément joyeux ?

Les réponses sont en toi !

Journal

Δ Date :

Δ Suis-je prêt(e) à passer une journée extraordinaire ?

Δ Que pourrais-je faire pour que cette journée soit géniale ?

Δ Ce que j'adore dans ma vie :

Δ Je me kiffe parce que :

....

Δ Je peux me féliciter pour :

Δ Mes moments préférés de la journée :

Δ Que puis-je faire pour kiffer encore plus ?

∆ Date :

∆ Suis-je prêt(e) à passer une journée extraordinaire ?

∆ Que pourrais-je faire pour que cette journée soit géniale ?

∆ Ce que j'adore dans ma vie :

∆ Je me kiffe parce que :

....

∆ Je peux me féliciter pour :

∆ Mes moments préférés de la journée :

∆ Que puis-je faire pour kiffer encore plus ?

Δ Date :

Δ Suis-je prêt(e) à passer une journée extraordinaire ?

Δ Que pourrais-je faire pour que cette journée soit géniale ?

Δ Ce que j'adore dans ma vie :

Δ Je me kiffe parce que :

....

Δ Je peux me féliciter pour :

Δ Mes moments préférés de la journée :

Δ Que puis-je faire pour kiffer encore plus ?

∆ Date :

∆ Suis-je prêt(e) à passer une journée extraordinaire ?

∆ Que pourrais-je faire pour que cette journée soit géniale ?

∆ Ce que j'adore dans ma vie :

∆ Je me kiffe parce que :

....

∆ Je peux me féliciter pour :

∆ Mes moments préférés de la journée :

∆ Que puis-je faire pour kiffer encore plus ?

Δ Date :

Δ Suis-je prêt(e) à passer une journée extraordinaire ?

Δ Que pourrais-je faire pour que cette journée soit géniale ?

Δ Ce que j'adore dans ma vie :

Δ Je me kiffe parce que :

....

Δ Je peux me féliciter pour :

Δ Mes moments préférés de la journée :

Δ Que puis-je faire pour kiffer encore plus ?

∆ Date :

∆ Suis-je prêt(e) à passer une journée extraordinaire ?

∆ Que pourrais-je faire pour que cette journée soit géniale ?

∆ Ce que j'adore dans ma vie :

∆ Je me kiffe parce que :

....

∆ Je peux me féliciter pour :

∆ Mes moments préférés de la journée :

∆ Que puis-je faire pour kiffer encore plus ?

Δ Date :

Δ Suis-je prêt(e) à passer une journée extraordinaire ?

Δ Que pourrais-je faire pour que cette journée soit géniale ?

Δ Ce que j'adore dans ma vie :

Δ Je me kiffe parce que :

....

Δ Je peux me féliciter pour :

Δ Mes moments préférés de la journée :

Δ Que puis-je faire pour kiffer encore plus ?

∆ Date :

∆ Suis-je prêt(e) à passer une journée extraordinaire ?

∆ Que pourrais-je faire pour que cette journée soit géniale ?

∆ Ce que j'adore dans ma vie :

∆ Je me kiffe parce que :

....

∆ Je peux me féliciter pour :

∆ Mes moments préférés de la journée :

∆ Que puis-je faire pour kiffer encore plus ?

Δ Date :

Δ Suis-je prêt(e) à passer une journée extraordinaire ?

Δ Que pourrais-je faire pour que cette journée soit géniale ?

Δ Ce que j'adore dans ma vie :

Δ Je me kiffe parce que :

....

Δ Je peux me féliciter pour :

Δ Mes moments préférés de la journée :

Δ Que puis-je faire pour kiffer encore plus ?

Δ Date :

Δ Suis-je prêt(e) à passer une journée extraordinaire ?

Δ Que pourrais-je faire pour que cette journée soit géniale ?

Δ Ce que j'adore dans ma vie :

Δ Je me kiffe parce que :

....

Δ Je peux me féliciter pour :

Δ Mes moments préférés de la journée :

Δ Que puis-je faire pour kiffer encore plus ?

∆ Date :

∆ Suis-je prêt(e) à passer une journée extraordinaire ?

∆ Que pourrais-je faire pour que cette journée soit géniale ?

∆ Ce que j'adore dans ma vie :

∆ Je me kiffe parce que :

....

∆ Je peux me féliciter pour :

∆ Mes moments préférés de la journée :

∆ Que puis-je faire pour kiffer encore plus ?

∆ Date :

∆ Suis-je prêt(e) à passer une journée extraordinaire ?

∆ Que pourrais-je faire pour que cette journée soit géniale ?

∆ Ce que j'adore dans ma vie :

∆ Je me kiffe parce que :

....

∆ Je peux me féliciter pour :

∆ Mes moments préférés de la journée :

∆ Que puis-je faire pour kiffer encore plus ?

Δ Date :

Δ Suis-je prêt(e) à passer une journée extraordinaire ?

Δ Que pourrais-je faire pour que cette journée soit géniale ?

Δ Ce que j'adore dans ma vie :

Δ Je me kiffe parce que :

....

Δ Je peux me féliciter pour :

Δ Mes moments préférés de la journée :

Δ Que puis-je faire pour kiffer encore plus ?

∆ Date :

∆ Suis-je prêt(e) à passer une journée extraordinaire ?

∆ Que pourrais-je faire pour que cette journée soit géniale ?

∆ Ce que j'adore dans ma vie :

∆ Je me kiffe parce que :

....

∆ Je peux me féliciter pour :

∆ Mes moments préférés de la journée :

∆ Que puis-je faire pour kiffer encore plus ?

∆ Date :

∆ Suis-je prêt(e) à passer une journée extraordinaire ?

∆ Que pourrais-je faire pour que cette journée soit géniale ?

∆ Ce que j'adore dans ma vie :

∆ Je me kiffe parce que :

....

∆ Je peux me féliciter pour :

∆ Mes moments préférés de la journée :

∆ Que puis-je faire pour kiffer encore plus ?

Δ Date :

Δ Suis-je prêt(e) à passer une journée extraordinaire ?

Δ Que pourrais-je faire pour que cette journée soit géniale ?

Δ Ce que j'adore dans ma vie :

Δ Je me kiffe parce que :

....

Δ Je peux me féliciter pour :

Δ Mes moments préférés de la journée :

Δ Que puis-je faire pour kiffer encore plus ?

∆ Date :

∆ Suis-je prêt(e) à passer une journée extraordinaire ?

∆ Que pourrais-je faire pour que cette journée soit géniale ?

∆ Ce que j'adore dans ma vie :

∆ Je me kiffe parce que :

....

∆ Je peux me féliciter pour :

∆ Mes moments préférés de la journée :

∆ Que puis-je faire pour kiffer encore plus ?

Δ Date :

Δ Suis-je prêt(e) à passer une journée extraordinaire ?

Δ Que pourrais-je faire pour que cette journée soit géniale ?

Δ Ce que j'adore dans ma vie :

Δ Je me kiffe parce que :

....

Δ Je peux me féliciter pour :

Δ Mes moments préférés de la journée :

Δ Que puis-je faire pour kiffer encore plus ?

∆ Date :

∆ Suis-je prêt(e) à passer une journée extraordinaire ?

∆ Que pourrais-je faire pour que cette journée soit géniale ?

∆ Ce que j'adore dans ma vie :

∆ Je me kiffe parce que :

....

∆ Je peux me féliciter pour :

∆ Mes moments préférés de la journée :

∆ Que puis-je faire pour kiffer encore plus ?

Δ Date :

Δ Suis-je prêt(e) à passer une journée extraordinaire ?

Δ Que pourrais-je faire pour que cette journée soit géniale ?

Δ Ce que j'adore dans ma vie :

Δ Je me kiffe parce que :

....

Δ Je peux me féliciter pour :

Δ Mes moments préférés de la journée :

Δ Que puis-je faire pour kiffer encore plus ?

∆ Date :

∆ Suis-je prêt(e) à passer une journée extraordinaire ?

∆ Que pourrais-je faire pour que cette journée soit géniale ?

∆ Ce que j'adore dans ma vie :

∆ Je me kiffe parce que :

....

∆ Je peux me féliciter pour :

∆ Mes moments préférés de la journée :

∆ Que puis-je faire pour kiffer encore plus ?

Δ Date :

Δ Suis-je prêt(e) à passer une journée extraordinaire ?

Δ Que pourrais-je faire pour que cette journée soit géniale ?

Δ Ce que j'adore dans ma vie :

Δ Je me kiffe parce que :

....

Δ Je peux me féliciter pour :

Δ Mes moments préférés de la journée :

Δ Que puis-je faire pour kiffer encore plus ?

Δ Date :

Δ Suis-je prêt(e) à passer une journée extraordinaire ?

Δ Que pourrais-je faire pour que cette journée soit géniale ?

Δ Ce que j'adore dans ma vie :

Δ Je me kiffe parce que :

....

Δ Je peux me féliciter pour :

Δ Mes moments préférés de la journée :

Δ Que puis-je faire pour kiffer encore plus ?

Δ Date :

Δ Suis-je prêt(e) à passer une journée extraordinaire ?

Δ Que pourrais-je faire pour que cette journée soit géniale ?

Δ Ce que j'adore dans ma vie :

Δ Je me kiffe parce que :

....

Δ Je peux me féliciter pour :

Δ Mes moments préférés de la journée :

Δ Que puis-je faire pour kiffer encore plus ?

Δ Date :

Δ Suis-je prêt(e) à passer une journée extraordinaire ?

Δ Que pourrais-je faire pour que cette journée soit géniale ?

Δ Ce que j'adore dans ma vie :

Δ Je me kiffe parce que :

....

Δ Je peux me féliciter pour :

Δ Mes moments préférés de la journée :

Δ Que puis-je faire pour kiffer encore plus ?

Δ Date :

Δ Suis-je prêt(e) à passer une journée extraordinaire ?

Δ Que pourrais-je faire pour que cette journée soit géniale ?

Δ Ce que j'adore dans ma vie :

Δ Je me kiffe parce que :

....

Δ Je peux me féliciter pour :

Δ Mes moments préférés de la journée :

Δ Que puis-je faire pour kiffer encore plus ?

∆ Date :

∆ Suis-je prêt(e) à passer une journée extraordinaire ?

∆ Que pourrais-je faire pour que cette journée soit géniale ?

∆ Ce que j'adore dans ma vie :

∆ Je me kiffe parce que :

....

∆ Je peux me féliciter pour :

∆ Mes moments préférés de la journée :

∆ Que puis-je faire pour kiffer encore plus ?

Δ Date :

Δ Suis-je prêt(e) à passer une journée extraordinaire ?

Δ Que pourrais-je faire pour que cette journée soit géniale ?

Δ Ce que j'adore dans ma vie :

Δ Je me kiffe parce que :

....

Δ Je peux me féliciter pour :

Δ Mes moments préférés de la journée :

Δ Que puis-je faire pour kiffer encore plus ?

∆ Date :

∆ Suis-je prêt(e) à passer une journée extraordinaire ?

∆ Que pourrais-je faire pour que cette journée soit géniale ?

∆ Ce que j'adore dans ma vie :

∆ Je me kiffe parce que :

....

∆ Je peux me féliciter pour :

∆ Mes moments préférés de la journée :

∆ Que puis-je faire pour kiffer encore plus ?

Δ Date :

Δ Suis-je prêt(e) à passer une journée extraordinaire ?

Δ Que pourrais-je faire pour que cette journée soit géniale ?

Δ Ce que j'adore dans ma vie :

Δ Je me kiffe parce que :

....

Δ Je peux me féliciter pour :

Δ Mes moments préférés de la journée :

Δ Que puis-je faire pour kiffer encore plus ?

Δ Date :

Δ Suis-je prêt(e) à passer une journée extraordinaire ?

Δ Que pourrais-je faire pour que cette journée soit géniale ?

Δ Ce que j'adore dans ma vie :

Δ Je me kiffe parce que :

....

Δ Je peux me féliciter pour :

Δ Mes moments préférés de la journée :

Δ Que puis-je faire pour kiffer encore plus ?

Δ Date :

Δ Suis-je prêt(e) à passer une journée extraordinaire ?

Δ Que pourrais-je faire pour que cette journée soit géniale ?

Δ Ce que j'adore dans ma vie :

Δ Je me kiffe parce que :

....

Δ Je peux me féliciter pour :

Δ Mes moments préférés de la journée :

Δ Que puis-je faire pour kiffer encore plus ?

Δ Date :

Δ Suis-je prêt(e) à passer une journée extraordinaire ?

Δ Que pourrais-je faire pour que cette journée soit géniale ?

Δ Ce que j'adore dans ma vie :

Δ Je me kiffe parce que :

....

Δ Je peux me féliciter pour :

Δ Mes moments préférés de la journée :

Δ Que puis-je faire pour kiffer encore plus ?

Δ Date :

Δ Suis-je prêt(e) à passer une journée extraordinaire ?

Δ Que pourrais-je faire pour que cette journée soit géniale ?

Δ Ce que j'adore dans ma vie :

Δ Je me kiffe parce que :

....

Δ Je peux me féliciter pour :

Δ Mes moments préférés de la journée :

Δ Que puis-je faire pour kiffer encore plus ?

Δ Date :

Δ Suis-je prêt(e) à passer une journée extraordinaire ?

Δ Que pourrais-je faire pour que cette journée soit géniale ?

Δ Ce que j'adore dans ma vie :

Δ Je me kiffe parce que :

....

Δ Je peux me féliciter pour :

Δ Mes moments préférés de la journée :

Δ Que puis-je faire pour kiffer encore plus ?

∆ Date :

∆ Suis-je prêt(e) à passer une journée extraordinaire ?

∆ Que pourrais-je faire pour que cette journée soit géniale ?

∆ Ce que j'adore dans ma vie :

∆ Je me kiffe parce que :

....

∆ Je peux me féliciter pour :

∆ Mes moments préférés de la journée :

∆ Que puis-je faire pour kiffer encore plus ?

Δ Date :

Δ Suis-je prêt(e) à passer une journée extraordinaire ?

Δ Que pourrais-je faire pour que cette journée soit géniale ?

Δ Ce que j'adore dans ma vie :

Δ Je me kiffe parce que :

....

Δ Je peux me féliciter pour :

Δ Mes moments préférés de la journée :

Δ Que puis-je faire pour kiffer encore plus ?

Δ Date :

Δ Suis-je prêt(e) à passer une journée extraordinaire ?

Δ Que pourrais-je faire pour que cette journée soit géniale ?

Δ Ce que j'adore dans ma vie :

Δ Je me kiffe parce que :

....

Δ Je peux me féliciter pour :

Δ Mes moments préférés de la journée :

Δ Que puis-je faire pour kiffer encore plus ?

∆ Date :

∆ Suis-je prêt(e) à passer une journée extraordinaire ?

∆ Que pourrais-je faire pour que cette journée soit géniale ?

∆ Ce que j'adore dans ma vie :

∆ Je me kiffe parce que :

....

∆ Je peux me féliciter pour :

∆ Mes moments préférés de la journée :

∆ Que puis-je faire pour kiffer encore plus ?

∆ Date :

∆ Suis-je prêt(e) à passer une journée extraordinaire ?

∆ Que pourrais-je faire pour que cette journée soit géniale ?

∆ Ce que j'adore dans ma vie :

∆ Je me kiffe parce que :

....

∆ Je peux me féliciter pour :

∆ Mes moments préférés de la journée :

∆ Que puis-je faire pour kiffer encore plus ?

Δ Date :

Δ Suis-je prêt(e) à passer une journée extraordinaire ?

Δ Que pourrais-je faire pour que cette journée soit géniale ?

Δ Ce que j'adore dans ma vie :

Δ Je me kiffe parce que :

....

Δ Je peux me féliciter pour :

Δ Mes moments préférés de la journée :

Δ Que puis-je faire pour kiffer encore plus ?

∆ Date :

∆ Suis-je prêt(e) à passer une journée extraordinaire ?

∆ Que pourrais-je faire pour que cette journée soit géniale ?

∆ Ce que j'adore dans ma vie :

∆ Je me kiffe parce que :

....

∆ Je peux me féliciter pour :

∆ Mes moments préférés de la journée :

∆ Que puis-je faire pour kiffer encore plus ?

Δ Date :

Δ Suis-je prêt(e) à passer une journée extraordinaire ?

Δ Que pourrais-je faire pour que cette journée soit géniale ?

Δ Ce que j'adore dans ma vie :

Δ Je me kiffe parce que :

....

Δ Je peux me féliciter pour :

Δ Mes moments préférés de la journée :

Δ Que puis-je faire pour kiffer encore plus ?

∆ Date :

∆ Suis-je prêt(e) à passer une journée extraordinaire ?

∆ Que pourrais-je faire pour que cette journée soit géniale ?

∆ Ce que j'adore dans ma vie :

∆ Je me kiffe parce que :

....

∆ Je peux me féliciter pour :

∆ Mes moments préférés de la journée :

∆ Que puis-je faire pour kiffer encore plus ?

Δ Date :

Δ Suis-je prêt(e) à passer une journée extraordinaire ?

Δ Que pourrais-je faire pour que cette journée soit géniale ?

Δ Ce que j'adore dans ma vie :

Δ Je me kiffe parce que :

....

Δ Je peux me féliciter pour :

Δ Mes moments préférés de la journée :

Δ Que puis-je faire pour kiffer encore plus ?

∆ Date :

∆ Suis-je prêt(e) à passer une journée extraordinaire ?

∆ Que pourrais-je faire pour que cette journée soit géniale ?

∆ Ce que j'adore dans ma vie :

∆ Je me kiffe parce que :

....

∆ Je peux me féliciter pour :

∆ Mes moments préférés de la journée :

∆ Que puis-je faire pour kiffer encore plus ?

Δ Date :

Δ Suis-je prêt(e) à passer une journée extraordinaire ?

Δ Que pourrais-je faire pour que cette journée soit géniale ?

Δ Ce que j'adore dans ma vie :

Δ Je me kiffe parce que :

....

Δ Je peux me féliciter pour :

Δ Mes moments préférés de la journée :

Δ Que puis-je faire pour kiffer encore plus ?

Δ Date :

Δ Suis-je prêt(e) à passer une journée extraordinaire ?

Δ Que pourrais-je faire pour que cette journée soit géniale ?

Δ Ce que j'adore dans ma vie :

Δ Je me kiffe parce que :

....

Δ Je peux me féliciter pour :

Δ Mes moments préférés de la journée :

Δ Que puis-je faire pour kiffer encore plus ?

∆ Date :

∆ Suis-je prêt(e) à passer une journée extraordinaire ?

∆ Que pourrais-je faire pour que cette journée soit géniale ?

∆ Ce que j'adore dans ma vie :

∆ Je me kiffe parce que :

....

∆ Je peux me féliciter pour :

∆ Mes moments préférés de la journée :

∆ Que puis-je faire pour kiffer encore plus ?

Δ Date :

Δ Suis-je prêt(e) à passer une journée extraordinaire ?

Δ Que pourrais-je faire pour que cette journée soit géniale ?

Δ Ce que j'adore dans ma vie :

Δ Je me kiffe parce que :

....

Δ Je peux me féliciter pour :

Δ Mes moments préférés de la journée :

Δ Que puis-je faire pour kiffer encore plus ?

Δ Date :

Δ Suis-je prêt(e) à passer une journée extraordinaire ?

Δ Que pourrais-je faire pour que cette journée soit géniale ?

Δ Ce que j'adore dans ma vie :

Δ Je me kiffe parce que :

....

Δ Je peux me féliciter pour :

Δ Mes moments préférés de la journée :

Δ Que puis-je faire pour kiffer encore plus ?

∆ Date :

∆ Suis-je prêt(e) à passer une journée extraordinaire ?

∆ Que pourrais-je faire pour que cette journée soit géniale ?

∆ Ce que j'adore dans ma vie :

∆ Je me kiffe parce que :

....

∆ Je peux me féliciter pour :

∆ Mes moments préférés de la journée :

∆ Que puis-je faire pour kiffer encore plus ?

∆ Date :

∆ Suis-je prêt(e) à passer une journée extraordinaire ?

∆ Que pourrais-je faire pour que cette journée soit géniale ?

∆ Ce que j'adore dans ma vie :

∆ Je me kiffe parce que :

....

∆ Je peux me féliciter pour :

∆ Mes moments préférés de la journée :

∆ Que puis-je faire pour kiffer encore plus ?

Δ Date :

Δ Suis-je prêt(e) à passer une journée extraordinaire ?

Δ Que pourrais-je faire pour que cette journée soit géniale ?

Δ Ce que j'adore dans ma vie :

Δ Je me kiffe parce que :

....

Δ Je peux me féliciter pour :

Δ Mes moments préférés de la journée :

Δ Que puis-je faire pour kiffer encore plus ?

Δ Date :

Δ Suis-je prêt(e) à passer une journée extraordinaire ?

Δ Que pourrais-je faire pour que cette journée soit géniale ?

Δ Ce que j'adore dans ma vie :

Δ Je me kiffe parce que :

....

Δ Je peux me féliciter pour :

Δ Mes moments préférés de la journée :

Δ Que puis-je faire pour kiffer encore plus ?

Δ Date :

Δ Suis-je prêt(e) à passer une journée extraordinaire ?

Δ Que pourrais-je faire pour que cette journée soit géniale ?

Δ Ce que j'adore dans ma vie :

Δ Je me kiffe parce que :

....

Δ Je peux me féliciter pour :

Δ Mes moments préférés de la journée :

Δ Que puis-je faire pour kiffer encore plus ?

Δ Date :

Δ Suis-je prêt(e) à passer une journée extraordinaire ?

Δ Que pourrais-je faire pour que cette journée soit géniale ?

Δ Ce que j'adore dans ma vie :

Δ Je me kiffe parce que :

....

Δ Je peux me féliciter pour :

Δ Mes moments préférés de la journée :

Δ Que puis-je faire pour kiffer encore plus ?

Δ Date :

Δ Suis-je prêt(e) à passer une journée extraordinaire ?

Δ Que pourrais-je faire pour que cette journée soit géniale ?

Δ Ce que j'adore dans ma vie :

Δ Je me kiffe parce que :

....

Δ Je peux me féliciter pour :

Δ Mes moments préférés de la journée :

Δ Que puis-je faire pour kiffer encore plus ?

Δ Date :

Δ Suis-je prêt(e) à passer une journée extraordinaire ?

Δ Que pourrais-je faire pour que cette journée soit géniale ?

Δ Ce que j'adore dans ma vie :

Δ Je me kiffe parce que :

....

Δ Je peux me féliciter pour :

Δ Mes moments préférés de la journée :

Δ Que puis-je faire pour kiffer encore plus ?

∆ Date :

∆ Suis-je prêt(e) à passer une journée extraordinaire ?

∆ Que pourrais-je faire pour que cette journée soit géniale ?

∆ Ce que j'adore dans ma vie :

∆ Je me kiffe parce que :

....

∆ Je peux me féliciter pour :

∆ Mes moments préférés de la journée :

∆ Que puis-je faire pour kiffer encore plus ?

Δ Date :

Δ Suis-je prêt(e) à passer une journée extraordinaire ?

Δ Que pourrais-je faire pour que cette journée soit géniale ?

Δ Ce que j'adore dans ma vie :

Δ Je me kiffe parce que :

....

Δ Je peux me féliciter pour :

Δ Mes moments préférés de la journée :

Δ Que puis-je faire pour kiffer encore plus ?

Δ Date :

Δ Suis-je prêt(e) à passer une journée extraordinaire ?

Δ Que pourrais-je faire pour que cette journée soit géniale ?

Δ Ce que j'adore dans ma vie :

Δ Je me kiffe parce que :

....

Δ Je peux me féliciter pour :

Δ Mes moments préférés de la journée :

Δ Que puis-je faire pour kiffer encore plus ?

∆ Date :

∆ Suis-je prêt(e) à passer une journée extraordinaire ?

∆ Que pourrais-je faire pour que cette journée soit géniale ?

∆ Ce que j'adore dans ma vie :

∆ Je me kiffe parce que :

....

∆ Je peux me féliciter pour :

∆ Mes moments préférés de la journée :

∆ Que puis-je faire pour kiffer encore plus ?

Δ Date :

Δ Suis-je prêt(e) à passer une journée extraordinaire ?

Δ Que pourrais-je faire pour que cette journée soit géniale ?

Δ Ce que j'adore dans ma vie :

Δ Je me kiffe parce que :

....

Δ Je peux me féliciter pour :

Δ Mes moments préférés de la journée :

Δ Que puis-je faire pour kiffer encore plus ?

Δ Date :

Δ Suis-je prêt(e) à passer une journée extraordinaire ?

Δ Que pourrais-je faire pour que cette journée soit géniale ?

Δ Ce que j'adore dans ma vie :

Δ Je me kiffe parce que :

....

Δ Je peux me féliciter pour :

Δ Mes moments préférés de la journée :

Δ Que puis-je faire pour kiffer encore plus ?

∆ Date :

∆ Suis-je prêt(e) à passer une journée extraordinaire ?

∆ Que pourrais-je faire pour que cette journée soit géniale ?

∆ Ce que j'adore dans ma vie :

∆ Je me kiffe parce que :

....

∆ Je peux me féliciter pour :

∆ Mes moments préférés de la journée :

∆ Que puis-je faire pour kiffer encore plus ?

∆ Date :

∆ Suis-je prêt(e) à passer une journée extraordinaire ?

∆ Que pourrais-je faire pour que cette journée soit géniale ?

∆ Ce que j'adore dans ma vie :

∆ Je me kiffe parce que :

....

∆ Je peux me féliciter pour :

∆ Mes moments préférés de la journée :

∆ Que puis-je faire pour kiffer encore plus ?

Δ Date :

Δ Suis-je prêt(e) à passer une journée extraordinaire ?

Δ Que pourrais-je faire pour que cette journée soit géniale ?

Δ Ce que j'adore dans ma vie :

Δ Je me kiffe parce que :

....

Δ Je peux me féliciter pour :

Δ Mes moments préférés de la journée :

Δ Que puis-je faire pour kiffer encore plus ?

∆ Date :

∆ Suis-je prêt(e) à passer une journée extraordinaire ?

∆ Que pourrais-je faire pour que cette journée soit géniale ?

∆ Ce que j'adore dans ma vie :

∆ Je me kiffe parce que :

....

∆ Je peux me féliciter pour :

∆ Mes moments préférés de la journée :

∆ Que puis-je faire pour kiffer encore plus ?

∆ Date :

∆ Suis-je prêt(e) à passer une journée extraordinaire ?

∆ Que pourrais-je faire pour que cette journée soit géniale ?

∆ Ce que j'adore dans ma vie :

∆ Je me kiffe parce que :

....

∆ Je peux me féliciter pour :

∆ Mes moments préférés de la journée :

∆ Que puis-je faire pour kiffer encore plus ?

∆ Date :

∆ Suis-je prêt(e) à passer une journée extraordinaire ?

∆ Que pourrais-je faire pour que cette journée soit géniale ?

∆ Ce que j'adore dans ma vie :

∆ Je me kiffe parce que :

....

∆ Je peux me féliciter pour :

∆ Mes moments préférés de la journée :

∆ Que puis-je faire pour kiffer encore plus ?

Δ Date :

Δ Suis-je prêt(e) à passer une journée extraordinaire ?

Δ Que pourrais-je faire pour que cette journée soit géniale ?

Δ Ce que j'adore dans ma vie :

Δ Je me kiffe parce que :

....

Δ Je peux me féliciter pour :

Δ Mes moments préférés de la journée :

Δ Que puis-je faire pour kiffer encore plus ?

Δ Date :

Δ Suis-je prêt(e) à passer une journée extraordinaire ?

Δ Que pourrais-je faire pour que cette journée soit géniale ?

Δ Ce que j'adore dans ma vie :

Δ Je me kiffe parce que :

....

Δ Je peux me féliciter pour :

Δ Mes moments préférés de la journée :

Δ Que puis-je faire pour kiffer encore plus ?

Δ Date :

Δ Suis-je prêt(e) à passer une journée extraordinaire ?

Δ Que pourrais-je faire pour que cette journée soit géniale ?

Δ Ce que j'adore dans ma vie :

Δ Je me kiffe parce que :

....

Δ Je peux me féliciter pour :

Δ Mes moments préférés de la journée :

Δ Que puis-je faire pour kiffer encore plus ?

Δ Date :

Δ Suis-je prêt(e) à passer une journée extraordinaire ?

Δ Que pourrais-je faire pour que cette journée soit géniale ?

Δ Ce que j'adore dans ma vie :

Δ Je me kiffe parce que :

....

Δ Je peux me féliciter pour :

Δ Mes moments préférés de la journée :

Δ Que puis-je faire pour kiffer encore plus ?

∆ Date :

∆ Suis-je prêt(e) à passer une journée extraordinaire ?

∆ Que pourrais-je faire pour que cette journée soit géniale ?

∆ Ce que j'adore dans ma vie :

∆ Je me kiffe parce que :

....

∆ Je peux me féliciter pour :

∆ Mes moments préférés de la journée :

∆ Que puis-je faire pour kiffer encore plus ?

Δ Date :

Δ Suis-je prêt(e) à passer une journée extraordinaire ?

Δ Que pourrais-je faire pour que cette journée soit géniale ?

Δ Ce que j'adore dans ma vie :

Δ Je me kiffe parce que :

....

Δ Je peux me féliciter pour :

Δ Mes moments préférés de la journée :

Δ Que puis-je faire pour kiffer encore plus ?

∆ Date :

∆ Suis-je prêt(e) à passer une journée extraordinaire ?

∆ Que pourrais-je faire pour que cette journée soit géniale ?

∆ Ce que j'adore dans ma vie :

∆ Je me kiffe parce que :

....

∆ Je peux me féliciter pour :

∆ Mes moments préférés de la journée :

∆ Que puis-je faire pour kiffer encore plus ?

∆ Date :

∆ Suis-je prêt(e) à passer une journée extraordinaire ?

∆ Que pourrais-je faire pour que cette journée soit géniale ?

∆ Ce que j'adore dans ma vie :

∆ Je me kiffe parce que :

....

∆ Je peux me féliciter pour :

∆ Mes moments préférés de la journée :

∆ Que puis-je faire pour kiffer encore plus ?

∆ Date :

∆ Suis-je prêt(e) à passer une journée extraordinaire ?

∆ Que pourrais-je faire pour que cette journée soit géniale ?

∆ Ce que j'adore dans ma vie :

∆ Je me kiffe parce que :

....

∆ Je peux me féliciter pour :

∆ Mes moments préférés de la journée :

∆ Que puis-je faire pour kiffer encore plus ?

Δ Date :

Δ Suis-je prêt(e) à passer une journée extraordinaire ?

Δ Que pourrais-je faire pour que cette journée soit géniale ?

Δ Ce que j'adore dans ma vie :

Δ Je me kiffe parce que :

....

Δ Je peux me féliciter pour :

Δ Mes moments préférés de la journée :

Δ Que puis-je faire pour kiffer encore plus ?

∆ Date :

∆ Suis-je prêt(e) à passer une journée extraordinaire ?

∆ Que pourrais-je faire pour que cette journée soit géniale ?

∆ Ce que j'adore dans ma vie :

∆ Je me kiffe parce que :

....

∆ Je peux me féliciter pour :

∆ Mes moments préférés de la journée :

∆ Que puis-je faire pour kiffer encore plus ?

∆ Date :

∆ Suis-je prêt(e) à passer une journée extraordinaire ?

∆ Que pourrais-je faire pour que cette journée soit géniale ?

∆ Ce que j'adore dans ma vie :

∆ Je me kiffe parce que :

....

∆ Je peux me féliciter pour :

∆ Mes moments préférés de la journée :

∆ Que puis-je faire pour kiffer encore plus ?

Δ Date :

Δ Suis-je prêt(e) à passer une journée extraordinaire ?

Δ Que pourrais-je faire pour que cette journée soit géniale ?

Δ Ce que j'adore dans ma vie :

Δ Je me kiffe parce que :

....

Δ Je peux me féliciter pour :

Δ Mes moments préférés de la journée :

Δ Que puis-je faire pour kiffer encore plus ?

Δ Date :

Δ Suis-je prêt(e) à passer une journée extraordinaire ?

Δ Que pourrais-je faire pour que cette journée soit géniale ?

Δ Ce que j'adore dans ma vie :

Δ Je me kiffe parce que :

....

Δ Je peux me féliciter pour :

Δ Mes moments préférés de la journée :

Δ Que puis-je faire pour kiffer encore plus ?

∆ Date :

∆ Suis-je prêt(e) à passer une journée extraordinaire ?

∆ Que pourrais-je faire pour que cette journée soit géniale ?

∆ Ce que j'adore dans ma vie :

∆ Je me kiffe parce que :

....

∆ Je peux me féliciter pour :

∆ Mes moments préférés de la journée :

∆ Que puis-je faire pour kiffer encore plus ?

Δ Date :

Δ Suis-je prêt(e) à passer une journée extraordinaire ?

Δ Que pourrais-je faire pour que cette journée soit géniale ?

Δ Ce que j'adore dans ma vie :

Δ Je me kiffe parce que :

....

Δ Je peux me féliciter pour :

Δ Mes moments préférés de la journée :

Δ Que puis-je faire pour kiffer encore plus ?

∆ Date :

∆ Suis-je prêt(e) à passer une journée extraordinaire ?

∆ Que pourrais-je faire pour que cette journée soit géniale ?

∆ Ce que j'adore dans ma vie :

∆ Je me kiffe parce que :

....

∆ Je peux me féliciter pour :

∆ Mes moments préférés de la journée :

∆ Que puis-je faire pour kiffer encore plus ?

∆ Date :

∆ Suis-je prêt(e) à passer une journée extraordinaire ?

∆ Que pourrais-je faire pour que cette journée soit géniale ?

∆ Ce que j'adore dans ma vie :

∆ Je me kiffe parce que :

....

∆ Je peux me féliciter pour :

∆ Mes moments préférés de la journée :

∆ Que puis-je faire pour kiffer encore plus ?

Δ Date :

Δ Suis-je prêt(e) à passer une journée extraordinaire ?

Δ Que pourrais-je faire pour que cette journée soit géniale ?

Δ Ce que j'adore dans ma vie :

Δ Je me kiffe parce que :

....

Δ Je peux me féliciter pour :

Δ Mes moments préférés de la journée :

Δ Que puis-je faire pour kiffer encore plus ?

Δ Date :

Δ Suis-je prêt(e) à passer une journée extraordinaire ?

Δ Que pourrais-je faire pour que cette journée soit géniale ?

Δ Ce que j'adore dans ma vie :

Δ Je me kiffe parce que :

....

Δ Je peux me féliciter pour :

Δ Mes moments préférés de la journée :

Δ Que puis-je faire pour kiffer encore plus ?

Δ Date :

Δ Suis-je prêt(e) à passer une journée extraordinaire ?

Δ Que pourrais-je faire pour que cette journée soit géniale ?

Δ Ce que j'adore dans ma vie :

Δ Je me kiffe parce que :

....

Δ Je peux me féliciter pour :

Δ Mes moments préférés de la journée :

Δ Que puis-je faire pour kiffer encore plus ?

∆ Date :

∆ Suis-je prêt(e) à passer une journée extraordinaire ?

∆ Que pourrais-je faire pour que cette journée soit géniale ?

∆ Ce que j'adore dans ma vie :

∆ Je me kiffe parce que :

....

∆ Je peux me féliciter pour :

∆ Mes moments préférés de la journée :

∆ Que puis-je faire pour kiffer encore plus ?

Δ Date :

Δ Suis-je prêt(e) à passer une journée extraordinaire ?

Δ Que pourrais-je faire pour que cette journée soit géniale ?

Δ Ce que j'adore dans ma vie :

Δ Je me kiffe parce que :

....

Δ Je peux me féliciter pour :

Δ Mes moments préférés de la journée :

Δ Que puis-je faire pour kiffer encore plus ?

Δ Date :

Δ Suis-je prêt(e) à passer une journée extraordinaire ?

Δ Que pourrais-je faire pour que cette journée soit géniale ?

Δ Ce que j'adore dans ma vie :

Δ Je me kiffe parce que :

....

Δ Je peux me féliciter pour :

Δ Mes moments préférés de la journée :

Δ Que puis-je faire pour kiffer encore plus ?

Δ Date :

Δ Suis-je prêt(e) à passer une journée extraordinaire ?

Δ Que pourrais-je faire pour que cette journée soit géniale ?

Δ Ce que j'adore dans ma vie :

Δ Je me kiffe parce que :

....

Δ Je peux me féliciter pour :

Δ Mes moments préférés de la journée :

Δ Que puis-je faire pour kiffer encore plus ?

Δ Date :

Δ Suis-je prêt(e) à passer une journée extraordinaire ?

Δ Que pourrais-je faire pour que cette journée soit géniale ?

Δ Ce que j'adore dans ma vie :

Δ Je me kiffe parce que :

....

Δ Je peux me féliciter pour :

Δ Mes moments préférés de la journée :

Δ Que puis-je faire pour kiffer encore plus ?

Δ Date :

Δ Suis-je prêt(e) à passer une journée extraordinaire ?

Δ Que pourrais-je faire pour que cette journée soit géniale ?

Δ Ce que j'adore dans ma vie :

Δ Je me kiffe parce que :

....

Δ Je peux me féliciter pour :

Δ Mes moments préférés de la journée :

Δ Que puis-je faire pour kiffer encore plus ?

Δ Date :

Δ Suis-je prêt(e) à passer une journée extraordinaire ?

Δ Que pourrais-je faire pour que cette journée soit géniale ?

Δ Ce que j'adore dans ma vie :

Δ Je me kiffe parce que :

....

Δ Je peux me féliciter pour :

Δ Mes moments préférés de la journée :

Δ Que puis-je faire pour kiffer encore plus ?

∆ Date :

∆ Suis-je prêt(e) à passer une journée extraordinaire ?

∆ Que pourrais-je faire pour que cette journée soit géniale ?

∆ Ce que j'adore dans ma vie :

∆ Je me kiffe parce que :

....

∆ Je peux me féliciter pour :

∆ Mes moments préférés de la journée :

∆ Que puis-je faire pour kiffer encore plus ?

Δ Date :

Δ Suis-je prêt(e) à passer une journée extraordinaire ?

Δ Que pourrais-je faire pour que cette journée soit géniale ?

Δ Ce que j'adore dans ma vie :

Δ Je me kiffe parce que :

....

Δ Je peux me féliciter pour :

Δ Mes moments préférés de la journée :

Δ Que puis-je faire pour kiffer encore plus ?

∆ Date :

∆ Suis-je prêt(e) à passer une journée extraordinaire ?

∆ Que pourrais-je faire pour que cette journée soit géniale ?

∆ Ce que j'adore dans ma vie :

∆ Je me kiffe parce que :

....

∆ Je peux me féliciter pour :

∆ Mes moments préférés de la journée :

∆ Que puis-je faire pour kiffer encore plus ?

Δ Date :

Δ Suis-je prêt(e) à passer une journée extraordinaire ?

Δ Que pourrais-je faire pour que cette journée soit géniale ?

Δ Ce que j'adore dans ma vie :

Δ Je me kiffe parce que :

....

Δ Je peux me féliciter pour :

Δ Mes moments préférés de la journée :

Δ Que puis-je faire pour kiffer encore plus ?

∆ Date :

∆ Suis-je prêt(e) à passer une journée extraordinaire ?

∆ Que pourrais-je faire pour que cette journée soit géniale ?

∆ Ce que j'adore dans ma vie :

∆ Je me kiffe parce que :

....

∆ Je peux me féliciter pour :

∆ Mes moments préférés de la journée :

∆ Que puis-je faire pour kiffer encore plus ?

Δ Date :

Δ Suis-je prêt(e) à passer une journée extraordinaire ?

Δ Que pourrais-je faire pour que cette journée soit géniale ?

Δ Ce que j'adore dans ma vie :

Δ Je me kiffe parce que :

....

Δ Je peux me féliciter pour :

Δ Mes moments préférés de la journée :

Δ Que puis-je faire pour kiffer encore plus ?

Δ Date :

Δ Suis-je prêt(e) à passer une journée extraordinaire ?

Δ Que pourrais-je faire pour que cette journée soit géniale ?

Δ Ce que j'adore dans ma vie :

Δ Je me kiffe parce que :

....

Δ Je peux me féliciter pour :

Δ Mes moments préférés de la journée :

Δ Que puis-je faire pour kiffer encore plus ?

∆ Date :

∆ Suis-je prêt(e) à passer une journée extraordinaire ?

∆ Que pourrais-je faire pour que cette journée soit géniale ?

∆ Ce que j'adore dans ma vie :

∆ Je me kiffe parce que :

....

∆ Je peux me féliciter pour :

∆ Mes moments préférés de la journée :

∆ Que puis-je faire pour kiffer encore plus ?

Δ Date :

Δ Suis-je prêt(e) à passer une journée extraordinaire ?

Δ Que pourrais-je faire pour que cette journée soit géniale ?

Δ Ce que j'adore dans ma vie :

Δ Je me kiffe parce que :

....

Δ Je peux me féliciter pour :

Δ Mes moments préférés de la journée :

Δ Que puis-je faire pour kiffer encore plus ?

Δ Date :

Δ Suis-je prêt(e) à passer une journée extraordinaire ?

Δ Que pourrais-je faire pour que cette journée soit géniale ?

Δ Ce que j'adore dans ma vie :

Δ Je me kiffe parce que :

....

Δ Je peux me féliciter pour :

Δ Mes moments préférés de la journée :

Δ Que puis-je faire pour kiffer encore plus ?

∆ Date :

∆ Suis-je prêt(e) à passer une journée extraordinaire ?

∆ Que pourrais-je faire pour que cette journée soit géniale ?

∆ Ce que j'adore dans ma vie :

∆ Je me kiffe parce que :

....

∆ Je peux me féliciter pour :

∆ Mes moments préférés de la journée :

∆ Que puis-je faire pour kiffer encore plus ?

Δ Date :

Δ Suis-je prêt(e) à passer une journée extraordinaire ?

Δ Que pourrais-je faire pour que cette journée soit géniale ?

Δ Ce que j'adore dans ma vie :

Δ Je me kiffe parce que :

....

Δ Je peux me féliciter pour :

Δ Mes moments préférés de la journée :

Δ Que puis-je faire pour kiffer encore plus ?

Δ Date :

Δ Suis-je prêt(e) à passer une journée extraordinaire ?

Δ Que pourrais-je faire pour que cette journée soit géniale ?

Δ Ce que j'adore dans ma vie :

Δ Je me kiffe parce que :

....

Δ Je peux me féliciter pour :

Δ Mes moments préférés de la journée :

Δ Que puis-je faire pour kiffer encore plus ?

∆ Date :

∆ Suis-je prêt(e) à passer une journée extraordinaire ?

∆ Que pourrais-je faire pour que cette journée soit géniale ?

∆ Ce que j'adore dans ma vie :

∆ Je me kiffe parce que :

....

∆ Je peux me féliciter pour :

∆ Mes moments préférés de la journée :

∆ Que puis-je faire pour kiffer encore plus ?

∆ Date :

∆ Suis-je prêt(e) à passer une journée extraordinaire ?

∆ Que pourrais-je faire pour que cette journée soit géniale ?

∆ Ce que j'adore dans ma vie :

∆ Je me kiffe parce que :

....

∆ Je peux me féliciter pour :

∆ Mes moments préférés de la journée :

∆ Que puis-je faire pour kiffer encore plus ?

Δ Date :

Δ Suis-je prêt(e) à passer une journée extraordinaire ?

Δ Que pourrais-je faire pour que cette journée soit géniale ?

Δ Ce que j'adore dans ma vie :

Δ Je me kiffe parce que :

....

Δ Je peux me féliciter pour :

Δ Mes moments préférés de la journée :

Δ Que puis-je faire pour kiffer encore plus ?

Δ Date :

Δ Suis-je prêt(e) à passer une journée extraordinaire ?

Δ Que pourrais-je faire pour que cette journée soit géniale ?

Δ Ce que j'adore dans ma vie :

Δ Je me kiffe parce que :

....

Δ Je peux me féliciter pour :

Δ Mes moments préférés de la journée :

Δ Que puis-je faire pour kiffer encore plus ?

Δ Date :

Δ Suis-je prêt(e) à passer une journée extraordinaire ?

Δ Que pourrais-je faire pour que cette journée soit géniale ?

Δ Ce que j'adore dans ma vie :

Δ Je me kiffe parce que :

....

Δ Je peux me féliciter pour :

Δ Mes moments préférés de la journée :

Δ Que puis-je faire pour kiffer encore plus ?

∆ Date :

∆ Suis-je prêt(e) à passer une journée extraordinaire ?

∆ Que pourrais-je faire pour que cette journée soit géniale ?

∆ Ce que j'adore dans ma vie :

∆ Je me kiffe parce que :

....

∆ Je peux me féliciter pour :

∆ Mes moments préférés de la journée :

∆ Que puis-je faire pour kiffer encore plus ?

∆ Date :

∆ Suis-je prêt(e) à passer une journée extraordinaire ?

∆ Que pourrais-je faire pour que cette journée soit géniale ?

∆ Ce que j'adore dans ma vie :

∆ Je me kiffe parce que :

....

∆ Je peux me féliciter pour :

∆ Mes moments préférés de la journée :

∆ Que puis-je faire pour kiffer encore plus ?

∆ Date :

∆ Suis-je prêt(e) à passer une journée extraordinaire ?

∆ Que pourrais-je faire pour que cette journée soit géniale ?

∆ Ce que j'adore dans ma vie :

∆ Je me kiffe parce que :

....

∆ Je peux me féliciter pour :

∆ Mes moments préférés de la journée :

∆ Que puis-je faire pour kiffer encore plus ?

∆ Date :

∆ Suis-je prêt(e) à passer une journée extraordinaire ?

∆ Que pourrais-je faire pour que cette journée soit géniale ?

∆ Ce que j'adore dans ma vie :

∆ Je me kiffe parce que :

....

∆ Je peux me féliciter pour :

∆ Mes moments préférés de la journée :

∆ Que puis-je faire pour kiffer encore plus ?

∆ Date :

∆ Suis-je prêt(e) à passer une journée extraordinaire ?

∆ Que pourrais-je faire pour que cette journée soit géniale ?

∆ Ce que j'adore dans ma vie :

∆ Je me kiffe parce que :

....

∆ Je peux me féliciter pour :

∆ Mes moments préférés de la journée :

∆ Que puis-je faire pour kiffer encore plus ?

Δ Date :

Δ Suis-je prêt(e) à passer une journée extraordinaire ?

Δ Que pourrais-je faire pour que cette journée soit géniale ?

Δ Ce que j'adore dans ma vie :

Δ Je me kiffe parce que :

....

Δ Je peux me féliciter pour :

Δ Mes moments préférés de la journée :

Δ Que puis-je faire pour kiffer encore plus ?

∆ Date :

∆ Suis-je prêt(e) à passer une journée extraordinaire ?

∆ Que pourrais-je faire pour que cette journée soit géniale ?

∆ Ce que j'adore dans ma vie :

∆ Je me kiffe parce que :

....

∆ Je peux me féliciter pour :

∆ Mes moments préférés de la journée :

∆ Que puis-je faire pour kiffer encore plus ?

∆ Date :

∆ Suis-je prêt(e) à passer une journée extraordinaire ?

∆ Que pourrais-je faire pour que cette journée soit géniale ?

∆ Ce que j'adore dans ma vie :

∆ Je me kiffe parce que :

....

∆ Je peux me féliciter pour :

∆ Mes moments préférés de la journée :

∆ Que puis-je faire pour kiffer encore plus ?

Δ Date :

Δ Suis-je prêt(e) à passer une journée extraordinaire ?

Δ Que pourrais-je faire pour que cette journée soit géniale ?

Δ Ce que j'adore dans ma vie :

Δ Je me kiffe parce que :

....

Δ Je peux me féliciter pour :

Δ Mes moments préférés de la journée :

Δ Que puis-je faire pour kiffer encore plus ?

Δ Date :

Δ Suis-je prêt(e) à passer une journée extraordinaire ?

Δ Que pourrais-je faire pour que cette journée soit géniale ?

Δ Ce que j'adore dans ma vie :

Δ Je me kiffe parce que :

....

Δ Je peux me féliciter pour :

Δ Mes moments préférés de la journée :

Δ Que puis-je faire pour kiffer encore plus ?

∆ Date :

∆ Suis-je prêt(e) à passer une journée extraordinaire ?

∆ Que pourrais-je faire pour que cette journée soit géniale ?

∆ Ce que j'adore dans ma vie :

∆ Je me kiffe parce que :

....

∆ Je peux me féliciter pour :

∆ Mes moments préférés de la journée :

∆ Que puis-je faire pour kiffer encore plus ?

Δ Date :

Δ Suis-je prêt(e) à passer une journée extraordinaire ?

Δ Que pourrais-je faire pour que cette journée soit géniale ?

Δ Ce que j'adore dans ma vie :

Δ Je me kiffe parce que :

....

Δ Je peux me féliciter pour :

Δ Mes moments préférés de la journée :

Δ Que puis-je faire pour kiffer encore plus ?

∆ Date :

∆ Suis-je prêt(e) à passer une journée extraordinaire ?

∆ Que pourrais-je faire pour que cette journée soit géniale ?

∆ Ce que j'adore dans ma vie :

∆ Je me kiffe parce que :

....

∆ Je peux me féliciter pour :

∆ Mes moments préférés de la journée :

∆ Que puis-je faire pour kiffer encore plus ?

Δ Date :

Δ Suis-je prêt(e) à passer une journée extraordinaire ?

Δ Que pourrais-je faire pour que cette journée soit géniale ?

Δ Ce que j'adore dans ma vie :

Δ Je me kiffe parce que :

....

Δ Je peux me féliciter pour :

Δ Mes moments préférés de la journée :

Δ Que puis-je faire pour kiffer encore plus ?

Δ Date :

Δ Suis-je prêt(e) à passer une journée extraordinaire ?

Δ Que pourrais-je faire pour que cette journée soit géniale ?

Δ Ce que j'adore dans ma vie :

Δ Je me kiffe parce que :

....

Δ Je peux me féliciter pour :

Δ Mes moments préférés de la journée :

Δ Que puis-je faire pour kiffer encore plus ?

Δ Date :

Δ Suis-je prêt(e) à passer une journée extraordinaire ?

Δ Que pourrais-je faire pour que cette journée soit géniale ?

Δ Ce que j'adore dans ma vie :

Δ Je me kiffe parce que :

....

Δ Je peux me féliciter pour :

Δ Mes moments préférés de la journée :

Δ Que puis-je faire pour kiffer encore plus ?

∆ Date :

∆ Suis-je prêt(e) à passer une journée extraordinaire ?

∆ Que pourrais-je faire pour que cette journée soit géniale ?

∆ Ce que j'adore dans ma vie :

∆ Je me kiffe parce que :

....

∆ Je peux me féliciter pour :

∆ Mes moments préférés de la journée :

∆ Que puis-je faire pour kiffer encore plus ?

Δ Date :

Δ Suis-je prêt(e) à passer une journée extraordinaire ?

Δ Que pourrais-je faire pour que cette journée soit géniale ?

Δ Ce que j'adore dans ma vie :

Δ Je me kiffe parce que :

....

Δ Je peux me féliciter pour :

Δ Mes moments préférés de la journée :

Δ Que puis-je faire pour kiffer encore plus ?

∆ Date :

∆ Suis-je prêt(e) à passer une journée extraordinaire ?

∆ Que pourrais-je faire pour que cette journée soit géniale ?

∆ Ce que j'adore dans ma vie :

∆ Je me kiffe parce que :

....

∆ Je peux me féliciter pour :

∆ Mes moments préférés de la journée :

∆ Que puis-je faire pour kiffer encore plus ?

Δ Date :

Δ Suis-je prêt(e) à passer une journée extraordinaire ?

Δ Que pourrais-je faire pour que cette journée soit géniale ?

Δ Ce que j'adore dans ma vie :

Δ Je me kiffe parce que :

....

Δ Je peux me féliciter pour :

Δ Mes moments préférés de la journée :

Δ Que puis-je faire pour kiffer encore plus ?

∆ Date :

∆ Suis-je prêt(e) à passer une journée extraordinaire ?

∆ Que pourrais-je faire pour que cette journée soit géniale ?

∆ Ce que j'adore dans ma vie :

∆ Je me kiffe parce que :

....

∆ Je peux me féliciter pour :

∆ Mes moments préférés de la journée :

∆ Que puis-je faire pour kiffer encore plus ?

Δ Date :

Δ Suis-je prêt(e) à passer une journée extraordinaire ?

Δ Que pourrais-je faire pour que cette journée soit géniale ?

Δ Ce que j'adore dans ma vie :

Δ Je me kiffe parce que :

....

Δ Je peux me féliciter pour :

Δ Mes moments préférés de la journée :

Δ Que puis-je faire pour kiffer encore plus ?

Δ Date :

Δ Suis-je prêt(e) à passer une journée extraordinaire ?

Δ Que pourrais-je faire pour que cette journée soit géniale ?

Δ Ce que j'adore dans ma vie :

Δ Je me kiffe parce que :

....

Δ Je peux me féliciter pour :

Δ Mes moments préférés de la journée :

Δ Que puis-je faire pour kiffer encore plus ?

∆ Date :

∆ Suis-je prêt(e) à passer une journée extraordinaire ?

∆ Que pourrais-je faire pour que cette journée soit géniale ?

∆ Ce que j'adore dans ma vie :

∆ Je me kiffe parce que :

....

∆ Je peux me féliciter pour :

∆ Mes moments préférés de la journée :

∆ Que puis-je faire pour kiffer encore plus ?

∆ Date :

∆ Suis-je prêt(e) à passer une journée extraordinaire ?

∆ Que pourrais-je faire pour que cette journée soit géniale ?

∆ Ce que j'adore dans ma vie :

∆ Je me kiffe parce que :

....

∆ Je peux me féliciter pour :

∆ Mes moments préférés de la journée :

∆ Que puis-je faire pour kiffer encore plus ?

∆ Date :

∆ Suis-je prêt(e) à passer une journée extraordinaire ?

∆ Que pourrais-je faire pour que cette journée soit géniale ?

∆ Ce que j'adore dans ma vie :

∆ Je me kiffe parce que :

....

∆ Je peux me féliciter pour :

∆ Mes moments préférés de la journée :

∆ Que puis-je faire pour kiffer encore plus ?

Δ Date :

Δ Suis-je prêt(e) à passer une journée extraordinaire ?

Δ Que pourrais-je faire pour que cette journée soit géniale ?

Δ Ce que j'adore dans ma vie :

Δ Je me kiffe parce que :

....

Δ Je peux me féliciter pour :

Δ Mes moments préférés de la journée :

Δ Que puis-je faire pour kiffer encore plus ?

Δ Date :

Δ Suis-je prêt(e) à passer une journée extraordinaire ?

Δ Que pourrais-je faire pour que cette journée soit géniale ?

Δ Ce que j'adore dans ma vie :

Δ Je me kiffe parce que :

....

Δ Je peux me féliciter pour :

Δ Mes moments préférés de la journée :

Δ Que puis-je faire pour kiffer encore plus ?

∆ Date :

∆ Suis-je prêt(e) à passer une journée extraordinaire ?

∆ Que pourrais-je faire pour que cette journée soit géniale ?

∆ Ce que j'adore dans ma vie :

∆ Je me kiffe parce que :

....

∆ Je peux me féliciter pour :

∆ Mes moments préférés de la journée :

∆ Que puis-je faire pour kiffer encore plus ?

Δ Date :

Δ Suis-je prêt(e) à passer une journée extraordinaire ?

Δ Que pourrais-je faire pour que cette journée soit géniale ?

Δ Ce que j'adore dans ma vie :

Δ Je me kiffe parce que :

....

Δ Je peux me féliciter pour :

Δ Mes moments préférés de la journée :

Δ Que puis-je faire pour kiffer encore plus ?

Δ Date :

Δ Suis-je prêt(e) à passer une journée extraordinaire ?

Δ Que pourrais-je faire pour que cette journée soit géniale ?

Δ Ce que j'adore dans ma vie :

Δ Je me kiffe parce que :

....

Δ Je peux me féliciter pour :

Δ Mes moments préférés de la journée :

Δ Que puis-je faire pour kiffer encore plus ?

Δ Date :

Δ Suis-je prêt(e) à passer une journée extraordinaire ?

Δ Que pourrais-je faire pour que cette journée soit géniale ?

Δ Ce que j'adore dans ma vie :

Δ Je me kiffe parce que :

....

Δ Je peux me féliciter pour :

Δ Mes moments préférés de la journée :

Δ Que puis-je faire pour kiffer encore plus ?

Δ Date :

Δ Suis-je prêt(e) à passer une journée extraordinaire ?

Δ Que pourrais-je faire pour que cette journée soit géniale ?

Δ Ce que j'adore dans ma vie :

Δ Je me kiffe parce que :

....

Δ Je peux me féliciter pour :

Δ Mes moments préférés de la journée :

Δ Que puis-je faire pour kiffer encore plus ?

∆ Date :

∆ Suis-je prêt(e) à passer une journée extraordinaire ?

∆ Que pourrais-je faire pour que cette journée soit géniale ?

∆ Ce que j'adore dans ma vie :

∆ Je me kiffe parce que :

....

∆ Je peux me féliciter pour :

∆ Mes moments préférés de la journée :

∆ Que puis-je faire pour kiffer encore plus ?

∆ Date :

∆ Suis-je prêt(e) à passer une journée extraordinaire ?

∆ Que pourrais-je faire pour que cette journée soit géniale ?

∆ Ce que j'adore dans ma vie :

∆ Je me kiffe parce que :

....

∆ Je peux me féliciter pour :

∆ Mes moments préférés de la journée :

∆ Que puis-je faire pour kiffer encore plus ?

∆ Date :

∆ Suis-je prêt(e) à passer une journée extraordinaire ?

∆ Que pourrais-je faire pour que cette journée soit géniale ?

∆ Ce que j'adore dans ma vie :

∆ Je me kiffe parce que :

....

∆ Je peux me féliciter pour :

∆ Mes moments préférés de la journée :

∆ Que puis-je faire pour kiffer encore plus ?

∆ Date :

∆ Suis-je prêt(e) à passer une journée extraordinaire ?

∆ Que pourrais-je faire pour que cette journée soit géniale ?

∆ Ce que j'adore dans ma vie :

∆ Je me kiffe parce que :

....

∆ Je peux me féliciter pour :

∆ Mes moments préférés de la journée :

∆ Que puis-je faire pour kiffer encore plus ?

∆ Date :

∆ Suis-je prêt(e) à passer une journée extraordinaire ?

∆ Que pourrais-je faire pour que cette journée soit géniale ?

∆ Ce que j'adore dans ma vie :

∆ Je me kiffe parce que :

....

∆ Je peux me féliciter pour :

∆ Mes moments préférés de la journée :

∆ Que puis-je faire pour kiffer encore plus ?

∆ Date :

∆ Suis-je prêt(e) à passer une journée extraordinaire ?

∆ Que pourrais-je faire pour que cette journée soit géniale ?

∆ Ce que j'adore dans ma vie :

∆ Je me kiffe parce que :

....

∆ Je peux me féliciter pour :

∆ Mes moments préférés de la journée :

∆ Que puis-je faire pour kiffer encore plus ?

∆ Date :

∆ Suis-je prêt(e) à passer une journée extraordinaire ?

∆ Que pourrais-je faire pour que cette journée soit géniale ?

∆ Ce que j'adore dans ma vie :

∆ Je me kiffe parce que :

....

∆ Je peux me féliciter pour :

∆ Mes moments préférés de la journée :

∆ Que puis-je faire pour kiffer encore plus ?

Δ Date :

Δ Suis-je prêt(e) à passer une journée extraordinaire ?

Δ Que pourrais-je faire pour que cette journée soit géniale ?

Δ Ce que j'adore dans ma vie :

Δ Je me kiffe parce que :

....

Δ Je peux me féliciter pour :

Δ Mes moments préférés de la journée :

Δ Que puis-je faire pour kiffer encore plus ?

∆ Date :

∆ Suis-je prêt(e) à passer une journée extraordinaire ?

∆ Que pourrais-je faire pour que cette journée soit géniale ?

∆ Ce que j'adore dans ma vie :

∆ Je me kiffe parce que :

....

∆ Je peux me féliciter pour :

∆ Mes moments préférés de la journée :

∆ Que puis-je faire pour kiffer encore plus ?

∆ Date :

∆ Suis-je prêt(e) à passer une journée extraordinaire ?

∆ Que pourrais-je faire pour que cette journée soit géniale ?

∆ Ce que j'adore dans ma vie :

∆ Je me kiffe parce que :

....

∆ Je peux me féliciter pour :

∆ Mes moments préférés de la journée :

∆ Que puis-je faire pour kiffer encore plus ?

Δ Date :

Δ Suis-je prêt(e) à passer une journée extraordinaire ?

Δ Que pourrais-je faire pour que cette journée soit géniale ?

Δ Ce que j'adore dans ma vie :

Δ Je me kiffe parce que :

....

Δ Je peux me féliciter pour :

Δ Mes moments préférés de la journée :

Δ Que puis-je faire pour kiffer encore plus ?

Δ Date :

Δ Suis-je prêt(e) à passer une journée extraordinaire ?

Δ Que pourrais-je faire pour que cette journée soit géniale ?

Δ Ce que j'adore dans ma vie :

Δ Je me kiffe parce que :

....

Δ Je peux me féliciter pour :

Δ Mes moments préférés de la journée :

Δ Que puis-je faire pour kiffer encore plus ?

Δ Date :

Δ Suis-je prêt(e) à passer une journée extraordinaire ?

Δ Que pourrais-je faire pour que cette journée soit géniale ?

Δ Ce que j'adore dans ma vie :

Δ Je me kiffe parce que :

....

Δ Je peux me féliciter pour :

Δ Mes moments préférés de la journée :

Δ Que puis-je faire pour kiffer encore plus ?

Δ Date :

Δ Suis-je prêt(e) à passer une journée extraordinaire ?

Δ Que pourrais-je faire pour que cette journée soit géniale ?

Δ Ce que j'adore dans ma vie :

Δ Je me kiffe parce que :

....

Δ Je peux me féliciter pour :

Δ Mes moments préférés de la journée :

Δ Que puis-je faire pour kiffer encore plus ?

Δ Date :

Δ Suis-je prêt(e) à passer une journée extraordinaire ?

Δ Que pourrais-je faire pour que cette journée soit géniale ?

Δ Ce que j'adore dans ma vie :

Δ Je me kiffe parce que :

....

Δ Je peux me féliciter pour :

Δ Mes moments préférés de la journée :

Δ Que puis-je faire pour kiffer encore plus ?

Δ Date :

Δ Suis-je prêt(e) à passer une journée extraordinaire ?

Δ Que pourrais-je faire pour que cette journée soit géniale ?

Δ Ce que j'adore dans ma vie :

Δ Je me kiffe parce que :

....

Δ Je peux me féliciter pour :

Δ Mes moments préférés de la journée :

Δ Que puis-je faire pour kiffer encore plus ?

Δ Date :

Δ Suis-je prêt(e) à passer une journée extraordinaire ?

Δ Que pourrais-je faire pour que cette journée soit géniale ?

Δ Ce que j'adore dans ma vie :

Δ Je me kiffe parce que :

....

Δ Je peux me féliciter pour :

Δ Mes moments préférés de la journée :

Δ Que puis-je faire pour kiffer encore plus ?

Δ Date :

Δ Suis-je prêt(e) à passer une journée extraordinaire ?

Δ Que pourrais-je faire pour que cette journée soit géniale ?

Δ Ce que j'adore dans ma vie :

Δ Je me kiffe parce que :

....

Δ Je peux me féliciter pour :

Δ Mes moments préférés de la journée :

Δ Que puis-je faire pour kiffer encore plus ?

∆ Date :

∆ Suis-je prêt(e) à passer une journée extraordinaire ?

∆ Que pourrais-je faire pour que cette journée soit géniale ?

∆ Ce que j'adore dans ma vie :

∆ Je me kiffe parce que :

....

∆ Je peux me féliciter pour :

∆ Mes moments préférés de la journée :

∆ Que puis-je faire pour kiffer encore plus ?

Δ Date :

Δ Suis-je prêt(e) à passer une journée extraordinaire ?

Δ Que pourrais-je faire pour que cette journée soit géniale ?

Δ Ce que j'adore dans ma vie :

Δ Je me kiffe parce que :

....

Δ Je peux me féliciter pour :

Δ Mes moments préférés de la journée :

Δ Que puis-je faire pour kiffer encore plus ?

Δ Date :

Δ Suis-je prêt(e) à passer une journée extraordinaire ?

Δ Que pourrais-je faire pour que cette journée soit géniale ?

Δ Ce que j'adore dans ma vie :

Δ Je me kiffe parce que :

....

Δ Je peux me féliciter pour :

Δ Mes moments préférés de la journée :

Δ Que puis-je faire pour kiffer encore plus ?

∆ Date :

∆ Suis-je prêt(e) à passer une journée extraordinaire ?

∆ Que pourrais-je faire pour que cette journée soit géniale ?

∆ Ce que j'adore dans ma vie :

∆ Je me kiffe parce que :

....

∆ Je peux me féliciter pour :

∆ Mes moments préférés de la journée :

∆ Que puis-je faire pour kiffer encore plus ?

∆ Date :

∆ Suis-je prêt(e) à passer une journée extraordinaire ?

∆ Que pourrais-je faire pour que cette journée soit géniale ?

∆ Ce que j'adore dans ma vie :

∆ Je me kiffe parce que :

....

∆ Je peux me féliciter pour :

∆ Mes moments préférés de la journée :

∆ Que puis-je faire pour kiffer encore plus ?

Δ Date :

Δ Suis-je prêt(e) à passer une journée extraordinaire ?

Δ Que pourrais-je faire pour que cette journée soit géniale ?

Δ Ce que j'adore dans ma vie :

Δ Je me kiffe parce que :

....

Δ Je peux me féliciter pour :

Δ Mes moments préférés de la journée :

Δ Que puis-je faire pour kiffer encore plus ?

∆ Date :

∆ Suis-je prêt(e) à passer une journée extraordinaire ?

∆ Que pourrais-je faire pour que cette journée soit géniale ?

∆ Ce que j'adore dans ma vie :

∆ Je me kiffe parce que :

....

∆ Je peux me féliciter pour :

∆ Mes moments préférés de la journée :

∆ Que puis-je faire pour kiffer encore plus ?

∆ Date :

∆ Suis-je prêt(e) à passer une journée extraordinaire ?

∆ Que pourrais-je faire pour que cette journée soit géniale ?

∆ Ce que j'adore dans ma vie :

∆ Je me kiffe parce que :

....

∆ Je peux me féliciter pour :

∆ Mes moments préférés de la journée :

∆ Que puis-je faire pour kiffer encore plus ?

∆ Date :

∆ Suis-je prêt(e) à passer une journée extraordinaire ?

∆ Que pourrais-je faire pour que cette journée soit géniale ?

∆ Ce que j'adore dans ma vie :

∆ Je me kiffe parce que :

....

∆ Je peux me féliciter pour :

∆ Mes moments préférés de la journée :

∆ Que puis-je faire pour kiffer encore plus ?

Δ Date :

Δ Suis-je prêt(e) à passer une journée extraordinaire ?

Δ Que pourrais-je faire pour que cette journée soit géniale ?

Δ Ce que j'adore dans ma vie :

Δ Je me kiffe parce que :

....

Δ Je peux me féliciter pour :

Δ Mes moments préférés de la journée :

Δ Que puis-je faire pour kiffer encore plus ?

Δ Date :

Δ Suis-je prêt(e) à passer une journée extraordinaire ?

Δ Que pourrais-je faire pour que cette journée soit géniale ?

Δ Ce que j'adore dans ma vie :

Δ Je me kiffe parce que :

....

Δ Je peux me féliciter pour :

Δ Mes moments préférés de la journée :

Δ Que puis-je faire pour kiffer encore plus ?

Δ Date :

Δ Suis-je prêt(e) à passer une journée extraordinaire ?

Δ Que pourrais-je faire pour que cette journée soit géniale ?

Δ Ce que j'adore dans ma vie :

Δ Je me kiffe parce que :

....

Δ Je peux me féliciter pour :

Δ Mes moments préférés de la journée :

Δ Que puis-je faire pour kiffer encore plus ?

Conclusion

Bravo ! Tu as réussi ! Tu es arrivé au bout de ce livre ! Pour ne pas perdre cette bonne habitude mise en place, je t'invite à acheter ton prochain journal de gratitude !

As-tu remarqué que les jours où tu ne faisais pas ta gratitude étaient des jours moins joyeux ? C'est en tous cas, ce que j'ai constaté !

J'espère que tu as adoré mes questions et que celles basées sur l'action t'ont fait réfléchir et agir !

As-tu conscience que c'est toi qui est au commande de ta vie et que c'est toi qui la dirige ?

Parfois il suffit de changer quelques petits éléments pour être encore plus heureux de ce que tu as !

Je suis heureuse d'avoir pu partager tous ces jours remplis de gratitude avec toi !

Je te souhaite de poursuivre sur le chemin de ton évolution personnelle !

Bonne route !

Note de l'auteur

Quelle chance que ce livre soit entre tes mains, lecteur ! Quelle gratitude ! Je te remercie grandement pour ta lecture !

Je suis vraiment intéressée d'avoir ton retour sur ce livre. J'ai envie d'en apprendre plus sur toi et sur l'expérience que tu as vécue ! Pour un auteur, c'est une vraie richesse d'avoir des retours de lecteurs.

Idéalement, si tu en as la possibilité, le fait de me laisser un commentaire sur Amazon serait le top !

Je voudrais que tu écrives :

- Ce que ce livre t'a apporté.
- Ce que tu as le plus aimé.
- As-tu évolué ? T'es-tu amélioré ?

J'ai mis en place une newsletter si tu veux être informé de mes prochains livres. En t'inscrivant, je t'offre :

- Une page sur laquelle noter tous tes objectifs.
- Une page pour bien commencer ta semaine !

www.lea-gael.com/newsletter

Mille Mercis par avance.

Léa

Pour me contacter ou me retrouver :
www.lea-gael.com
Facebook : www.facebook.com/leagaelauteur
Instagram : lea.gael.auteur
YouTube : Léa GAEL

Mes autres livres

Imagine : tu te lèves le matin, le sourire aux lèvres, tu es heureux car tu sais que tu vas passer une journée extraordinaire. Pourtant, ça n'a pas toujours été comme ça.
Qu'est-ce qui a changé ?
Tu sais maintenant ce que tu veux et tu agis.

Ces questions vont changer ta vie. Grâce à elles, tu vas :
- Prendre du temps pour toi.
- Sortir la tête de ce fichu guidon.
- Observer et analyser ta situation actuelle.

► Retrouver tes envies et rêves (que tu repoussais sans cesse).
► Faire preuve de créativité.
► Agir, décider, prendre de bonnes résolutions, trouver des solutions...
► Kiffer encore plus ta vie, te sentir plein de réussite et d'enthousiasme.

Bien plus qu'un journal, tu vas :

►Mettre en place une routine quotidienne : gratitude, visualisation, pensées positives etc.

►Ressentir la joie, la réussite, l'amour, l'abondance etc.

►Noter tes objectifs, ce que tu veux attirer : ainsi tu vas pouvoir les avoir sous les yeux tous les jours.

►Créer un tableau de visualisation : idéal pour ressentir, te projeter et vivre dans la finalité.

►Noter tes affirmations.

►Redécouvrir la loi de l'attraction !

Es-tu prêt(e) à manifester la vie de tes rêves ?

Imagine : tu te lèves le matin, le sourire aux lèvres, tu es serein.

Tu as un projet que tu repoussais depuis des années à cause d'un manque d'argent et tu vas enfin le réaliser.

Comment est-ce possible ?

Tu as enfin appliqué la bonne méthode et tu agis.
L'argent ne te fait plus peur. Au contraire, tu le contrôles.

Ce livre va changer ta vie. Grâce à lui, tu vas :
- Faire enfin des **économies**.
- Dépenser dans la **joie**.

► Te **fixer des objectifs** afin de rendre possible tes projets.
► Apprendre à **être exigeant** avec ton argent.
► **Combattre** tes dépenses inutiles.
► **Aimer** encore plus ta vie en dépensant dans **tes priorités.**

Guillaume : "Léa a une approche unique, grâce à elle, j'ai réduit mes dépenses de 30%. Cerise sur le gâteau, je me sens plus riche ! J'aborde l'avenir avec plus de sérénité."

Pour avancer sur ses projets il est important de se fixer des objectifs concrets. Grâce à ce journal, tu vas pouvoir agir.

Chaque semaine, tu as une double page sur laquelle :
► Tu vas noter tes 3 objectifs principaux et les tâches à effectuer pour chaque objectif.
► Noter tes engagements (par ex : courir 3 fois, publier tous les jours sur les réseaux sociaux...)
► Une partie vierge "Notes" dans laquelle tu peux écrire ce que tu veux (ex : autres tâches à réaliser, tes réflexions, des citations inspirantes...)

Il est très important de t'engager. Sans engagement, il est beaucoup plus dur de passer à l'action.

Le fait d'avoir l'essentiel dans ce journal te permet de te concentrer sur le plus important. Fais ces tâches-là en priorité et ta semaine sera une réussite!

La fin du journal est constitué de pages vierges sur lesquelles tu peux noter ce que tu veux. N'hésite pas à écrire tes objectifs pour les 6 prochains mois, ou même pour l'année entière. Les relire tous les jours est un bon moyen de garder une vision d'ensemble.

Es-tu prêt à relever le défi ?

As-tu envie de sortir de ta zone de confort ? De mettre en place de nouvelles habitudes ? D'améliorer ta vie ? De devenir meilleur ? De t'éclater ?
Oui *?*
Ce livre est pour toi.

Tu pourras ressentir de la gratitude tous les jours, lutter contre une mauvaises habitude, prendre du temps pour toi, te tenir droit, sourire davantage, observer la nature, trier tes possessions, redéfinir la personne que tu souhaites être et bien plus encore.

Printed in France by Amazon
Brétigny-sur-Orge, FR